AF384960

9 Février 1893

CATALOGUE

D'ESTAMPES

ANCIENNES

PRINCIPALEMENT

DE L'ÉCOLE ANGLAISE DU XVIIIᵉ SIÈCLE

DONT LA VENTE AUX ENCHÈRES PUBLIQUES AURA LIEU

HOTEL DES COMMISSAIRES-PRISEURS, RUE DROUOT, 9

SALLE Nº 10

Les Jeudi 9 et Vendredi 10 Février 1893

à deux heures précises.

Mᵉ MAURICE DELESTRE
Commissaire-priseur
27, RUE DROUOT, 27

M. JULES BOUILLON
Marchand d'Estampes de la Bibliothèque nationale,
3, RUE DES SAINTS-PÈRES, 3

PARIS, 1893

CATALOGUE

D'ESTAMPES

ANCIENNES

PRINCIPALEMENT

DE L'ÉCOLE ANGLAISE DU XVIIIE SIÈCLE

DONT LA VENTE AUX ENCHÈRES PUBLIQUES AURA LIEU

HOTEL DES COMMISSAIRES-PRISEURS, RUE DROUOT, 9

SALLE N° 10

Les Jeudi 9 et Vendredi 10 Février 1893

à deux heures précises.

Par le ministère de Me **MAURICE DELESTRE**, Commissaire-Priseur,
Rue Drouot, 27.

Assisté de **M. JULES BOUILLON**, marchand d'estampes de la Bibliothèque
nationale, rue des Saints-Pères, 3.

PARIS, 1893

CONDITIONS DE LA VENTE

La vente sera faite au comptant.

Les acquéreurs payeront *cinq pour cent* en sus des enchères, applicables aux frais.

M. Jules Bouillon se réserve la faculté de réunir ou de diviser les lots.

ORDRE DES VACATIONS

Jeudi 9 Février	Nᵒˢ	1 à 269
Vendredi 10 —		270 à la fin

DÉSIGNATION

ESTAMPES

ALIX (P.-M.)

1 — *Letourneur*. In-fol. en pied d'après Deveria. Bonne épreuve.

ANONYMES

2 — Les funestes effets de la jalousie. Pièce ovale en largeur. Très belle épreuve en couleur, toute marge.

3 — Prudence.— Justice. Deux pièces in-fol. de forme ronde, faisant pendants. Très belles épreuves, marge.

4 — Sophronia. — Cecilia Evrard. Deux pièces en couleur de forme ovale, faisant pendants. Très belles épreuves toutes marges.

5 — Procession de la fameuse ligue contre Henri IV, en 1593. Bonne épreuve.

6 — Paysage avec chevaux sauvages sur le devant, en couleur. Épreuve avant toute lettre.

7 — *Cotton* (Sophia). Natural Daubgter of f. H. Egerton Earl of Bridgewater. In-8. Deux épreuves, dont une avant toute lettre.

ARDELL (J.-M.)

8 — *Boyd* (Lady), d'après A. Ramsay. 1749. In-fol. Très belle épreuve.

AUVRAY

9 — Adélaïde. Pièce in-fol. de forme ronde, en couleur. Très belle épreuve.

BALECHOU (J.-J.)

10 — Le Calme. — La Tempeste. Deux pièces d'après J. Vernet. Belles épreuves.

BARNEY (d'après)

11 — The happy Cottagers. Deux pièces faisant pendants, gravées par Batolotti, en couleur. Très belles épreuves, toutes marges.

12 — The Little red riding-hood. — Margery two shoes. Deux pièces faisant pendants, gravées en couleur, par Dunkarton, 1800. Très belles épreuves avec marges.

BARON (B.)

13 — *Carnarvon* (Anne Sophie, marquise de), d'après Van-Dick. Belle épreuve.

14 — *Carnarvon* (Robert Earl of), d'après Van-Dyck. In-fol. Bonne épreuve.

BARTOLOZZI (F.)

15 — Acis et Galathée sur les eaux , d'après Cipriani. Belle épreuve avant la lettre.

16 — La même estampe. Très belle épreuve avant la lettre

17 — Angelica and Medora, d'après Cipriani, 1787. Très belle épreuve avant la lettre, marge.

18 — La même estampe. Très belle épreuve, marge.

19 — Ascension de Lunardi, d'après Rigaud. Très rare épreuve avant toute lettre, à l'état d'eau-forte.

20 — Beauty. — Meekness. Deux pièces en couleur, faisant pendants, d'après Cipriani. Très belles épreuves, avec marges.

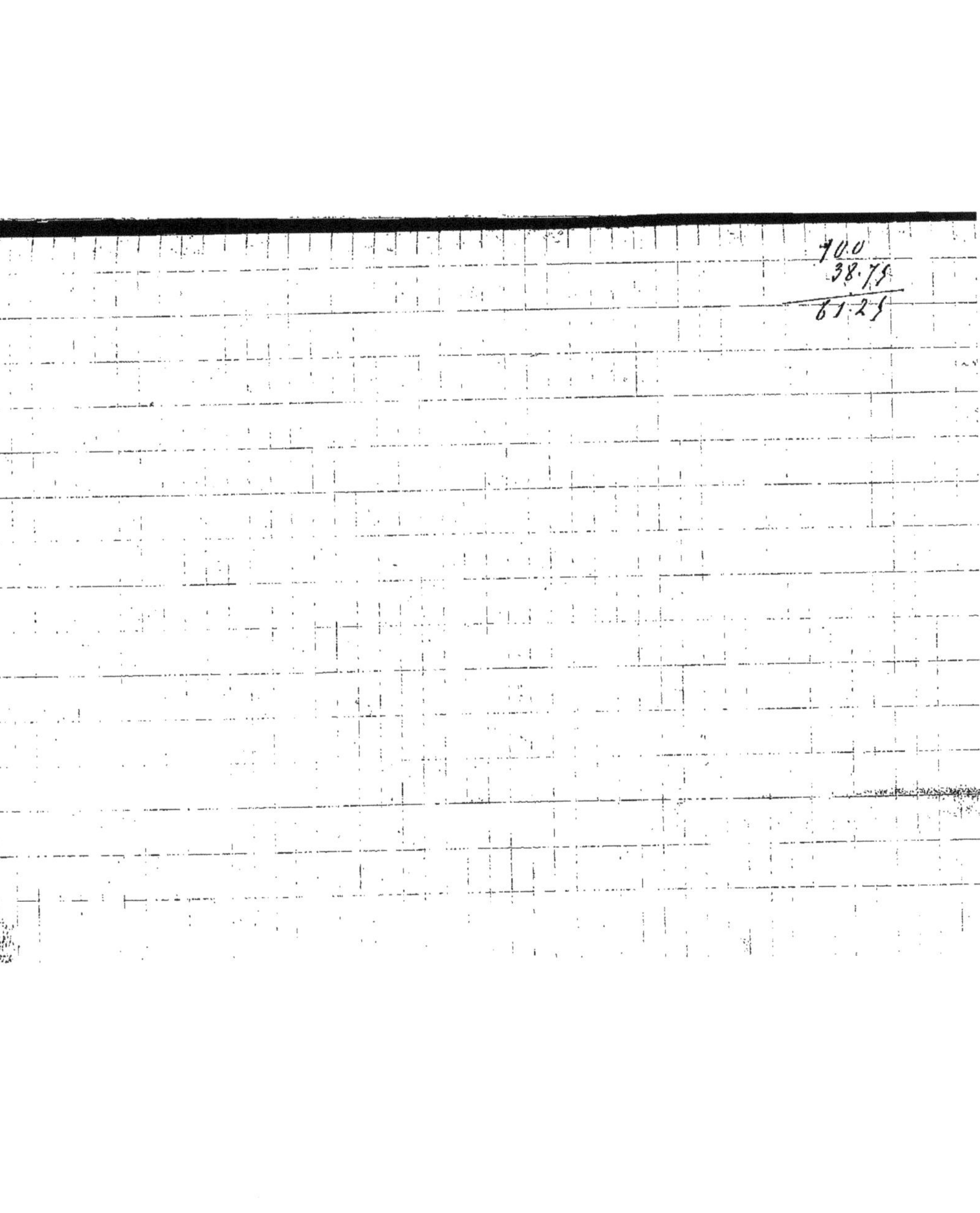

100.0
38.75
61.25

A. COLAS

43, Rue de Longchamps, 43

NEUILLY-SUR-SEINE

FABRICATION DES PAPIERS

pour la reproduction des dessins

PAR LA LUMIÈRE:

Papier COLAS

Papier Ferro-Prussiate

& autres

EXPOSITIONS

1882-1886-1892

MÉDAILLES DE BRONZE

ATELIERS DE REPRODUCTIONS

Neuilly, le 12 Janvier 189 9

Monsieur Bouillon

Mon fils qui sous du Seine militaire vous remettra cette lettre et un paquet livres et gravures ; il n'y a ou a que je le crois pour une somme importante mais que je vous demande le service de m'avancer 100 francs que s'ils ne sont pas couverts par la vente des objets me laisse votre débiteur pour la différence et d'ici là je serai en mesure de vous rembourser ce qui aura manqué

Recevez mes remerciements mon fils vous remettra un reçu en mon nom

Agréez mes bien sincères salutations

Aug. Colas

BARTOLOZZI (F.)

21 — Education de l'amour. — Réprimande à l'amour. Deux pièces faisant pendants. Très belles épreuves avant toutes lettres.

22 — Les Eléments, suite de quatre pièces d'après l'Albane. Belles épreuves.

23 — Friendship. — Contentement. Deux pièces faisant pendants, d'après Cipriani. Très belles épreuves, marges.

24 — Hercule et Omphale, d'après Cipriani, imprimée en bistre. Belle épreuve avant la lettre.

25 — Love and honour, d'après Bunbury, 1785. Très belle épreuve.

26 — The origin of painting. in-8 en bistre. Très belle épreuve.

27 — Persée et Andromède. Deux compositions différentes gravées en couleur d'après Cipriani. Belles épreuves.

28 — Rosalind, d'après A. Kauffman. In-8 en bistre. Belle épreuve.

29 — Le Sommeil de Vénus, d'après A. Carrache. Très belle épreuve avant la lettre, toute marge.

30 — Sorrows of Werter, d'après Ramberg, en couleur. Très belle épreuve, marge.

31 — *Bulkeley* (Harriet, Viscountess), d'après Cosway. In-fol. Très belle épreuve.

32 — *Cathcart* (Jane, Lady). In-4 ovale. Très belle épreuve.

33 — *Catherine II*, Empress of Russia, d'après Benedetti. In-fol. en pied. Très rare épreuve avant toute lettre, à l'état d'eau-forte.

34 — La même estampe. Très belle épreuve.

35 — *Cowper*, d'après Lawrence. In-4. Très belle épreuve, toute marge.

BARTOLOZZI (F.)

36 — Le même portrait. Très belle épreuve, toute marge.

37 — Enfant royal dans son berceau. Très rare épreuve avant toute lettre, à l'état d'eau-forte.

38 — La même estampe. Très belle épreuve terminée, avant la lettre.

BARTOLOZZI (d'après)

39 — Adresse de J. Speratis, gravé par Ménasi, élève de Bartolozzi, en couleur.

BECKETT (J.)

40 — The right Honble Mary fielding sole daughter and heir of Barnhâ P. Visc. Carlingford, d'après P. Lely. In-fol. Très belle épreuve.

41 — *Osforij* (The Countess of), d'après Wessing. In-fol., plus la contre épreuve du même portrait. Deux pièces.

42 — *Windham* (Madam Ann.), d'après W. Wissing. In-fol. Très belle épreuve.

BEHRMANN ET COLMANN

43 — Scènes militaires et autres. Trois pièces en forme d'éventails. Belles épreuves.

BEMBRIDGE (d'après H.)

44 — *Paoli* (Pascal). In-fol. en pied, 1768. Très belle épreuve.

BENWELL (d'après J.-H.)

45 — A Saint-Giles's beauty, par A. Boilet, en couleur, marge.

46 — Jenny, par C. Maucler, en couleur. Belle épreuve marge.

BIGG (d'après W.-R.)

47 — The Stormy Night. — Morning after the Storm. Deux pièces faisant pendants, gravées par W. Ward. Très belles épreuves.

48 — A. Shipwreck'd Sailor boy telling his Story at a Cottage door, gravé par T. Gaugain, 1791. Très belle épreuve.

49 — The Truants, par W. Ward, 1801. Très belle épreuve.

BLEEK (P. Van)

50 — Miss. — Master. Deux pièces faisant pendants, gravées en 1751. Très belles épreuves, toutes marges.

51 — Phébé. 1747, in-fol. Belle épreuve. ————

BOILLY (d'après L.)

52 — Les hommes se disputent. — Les femmes se battent. Deux pièces faisant pendants, gravées par Chaponnier. Très belles épreuves, marges.

53 — On la tire aujourd'hui, par Tresca. Très belle épreuve, toute marge.

BONNET (L.)

54 — La Promesse de fidélité, en couleur. Très belle épreuve.

BORCKHARDT (d'après Ch.)

55 — Maternal instruction, par G. Noble. Très belle épreuve, toute marge.

BOREL (d'après A.)

56 — Vous avez la clef, mais il a trouvé la serrure, par Anselin. Très belle épreuve, grande marge.

57 — J'y passerai, par R. de Launay. Très belle épreuve, grande marge.

BOUCHER (d'après F.)

58 — Buste de jeune fille, gravé aux trois crayons, par Demar-
teau. Belle épreuve.

BOYS (d'après G.)

59 — Scènes de la vie du Pape Pie VI. Six pièces.

BRACQUEMOND

60 — Le haut d'un battant de porte. Belle épreuve.

61 — Au Jardin d'Acclimatation, épreuve en couleurs avant
la lettre, — La mort de Matamore, — Les cigognes.
Trois pièces.

BRETON (à Paris, chez Mme)

62 — La Glaneuse. Pièce ovale en couleur. Très belle épreuve,
marge.

BRIDOUX

63 — *Louis-Philippe Ier*, roi des Français, d'après Winterhalter. In-fol. Belle épreuve.

BROMLEY (W.)

64 — The Grand attack on Valenciennes, by the combined
armées under the command of his royal Highness the
Duke d'York. On the Twenty fifth of July, 1793. D'après
de Loutherbourg. Belle épreuve sur chine.

BUNBURY (d'après)

65 — Jeune femme assise sur un banc, tenant à la main une
grappe de raisins que lui demande un jeune enfant debout
près d'elle, gravé par Shepheard. 1790. Belle épreuve
avant la lettre.

66 — The Kitchen of a french Port-House. Très belle épreuve,
toute marge.

BUNBURY (d'après)

67 — Like à Worm st bud feedinheer damask sheeck, gravé en couleur par Bartoloni. Très belle épreuve, marge.

68 — Les Oyes de frère Philippe, par Th. Watson. Très belle épreuve imprimée en bistre.

69 — Petite fille de la France, — Fille des Apennins. Deux pièces faisant pendants, gravées par J. Brotherton. Belles épreuves.

70 — Scène prise à Portsmouth, en 1785. Très belle épreuve, marge.

71 — View on the pont neuf at Paris. Grande pièce en largeur. Très belle épreuve, marge.

BURFORD (T.)

72 — Peace. 1749. In-fol. Belle épreuve.

CALAMATTA (L.)

73 — Masque de Napoléon. In-fol. Belle épreuve.

74 — *Sand* (George). In-fol. Belle épreuve.

CALLOT (J.)

75 — Portrait de Claude Deruet (M., 505). Belle épreuve, toute marge.

76 — Combat de Veillane près de Turin. (M., 509). Très belle épreuve.

CAMPANELLA ᴇᴛ GIRARDET

77 — Mort du Pape Pie VI, d'après Beys. — Derniers moments de S. A. R. Mgr le duc de Berry, d'après Fragonard. Deux pièces. Belles épreuves.

CARINGTON-BOWLES

78 — The female barber, — The Misereris of a single life, Irish peg in a Rage. Trois pièces en couleurs, publiées en 1770 et 1773. Très belles épreuves.

79 — The Gypsie Fortune-Teller, — The pleasures of a married state. Deux pièces en couleurs publiées en 1883. Très belles épreuves.

80 — Fox-Hunting, — Coursing the hare, — Trailing for a Hare. Trois pièces coloriées, publiées en 1786.

81 — The Sleepy congregation, — Abelard and Eloïsa, — Youthfeel sport, or Boys taking a bird's nest. Trois pièces en couleur publiées en 1784. Très belles épreuves.

CARMONTELLE (d'après L.-C. DE)

82 — Léopold Mozart, père de Marianne Mozart, et de J. G. Wolfgang Mozart, compositeur et maître de musique âgé de sept ans, gravé par Delafosse. In-fol. Très belle épreuve, marge.

CARPENTIER (d'après)

83 — Le Temps écarte les nuages de l'ignorance pour découvrir aux hommes la douce égalité, gravé en couleur par Canu. Belle épreuve, marge.

CARRÉE

84 — Vue perspective de la fontaine des Innocents, en couleur. Belle épreuve.

CARESME (d'après Ph.)

85 — Jupiter and Antiope, — Pan and Syrinx. Deux pièces faisant pendants, gravées en couleur et publiées à Londres en 1787. Belles épreuves. Rares.

CARESME et LAGRENÉE (d'après)

86 — Le Colin-Maillard, — La Tendresse. Deux pièces gravées par Legrand et Regnault. Très belles épreuves imprimées en sanguine.

CHAILLIOU

87 — L'Amour instruisant l'Innocence. Belle épreuve. ——

CHALON (d'après H.-B.)

88 — Pavillon rode by chieney, gravé par Hofsel. Très belle épreuve, toute marge.

CHARPENTIER (d'après)

89 — Histoire de Paul et Virginie. Suite de huit pièces gravées en couleur, par Papavo. Très belles épreuves avec marges.

CHASSES ET COURSES

90 — **Alken (d'après H.).** The first steeple-chase on record. Suite de quatre pièces gravées par J. Harris et publiées en 1839. Très belles épreuves en couleur.

91 — The High mettled racer. Suite de six pièces gravées par H. Alken et T. Sutherland, publiées en 1821. Très belles épreuves en couleur.

92 — Going to Cover, — flying a difficulty. — Hoping a difficulty, — Going through a difficulty, — Goiu over a difficulty, — Going down a difficulty. Suite de six pièces en couleur. Belles épreuves.

93 — The quorn Hunt. Suite de huit pièces gravées par Lewis, en couleur. Belles épreuves.

94 — The right sort having almost done the thing, — Some of the right sort doing the thing well, — The right sort doing the thing, — Morning, a few of the right sort going to do the thing, — Some of the right sort doing the thing, — Afternon, a few of the right sort that have done the thing. Suite de six pièces publiées en 1822. Très belles épreuves en couleur.

95 — **Anonymes.** Preparing to start, — At Speed, Winning, — Weighing and rubbing down. Suite de quatre pièces en couleur. Très belles épreuves.

CHASSES ET COURSES

96 — Anonymes. Royal mails, starting from the post office, —Mail coach by moonlight. Deux pièces faisant pendants. Très belles épreuves en couleur.

97 — English Port-Boys, — French-Postilions. Deux pièces en couleur faisant pendants. Belles épreuves.

98 — Hayes (d'après M.-A.). Car travelling in the smith of Irland in the year 1856. Bianconi's Establishment. Suite de six pièces en couleur gravées par J. Harris et publiées en 1856. Très belles épreuves.

99 — Newhouse (d'après). Opposition coaches et speed, — Quicksilver royal mail,—The Edinburgh express,— Four in hand. Suite de quatre pièces par divers graveurs, en couleur. Belles épreuves.

100 — Paul (d'après T.-D.). A trip to Melton Mowbray. (Un petit voyoge à Melton Mowbray). Suite de douze pièces en couleurs, en forme de frises, représentant les inconvénients des voyages en voitures, chasses, etc. Belles épreuves rares.

101 — Turner (d'après). Grouse shooting, — Partridge shooting,— Duck shooting, — Pheasant shooting, — Woodcock shooting, — Snipe shooting. Suite de six pièces en couleur gravés par Hunt. Belles épreuves.

CHATAIGNIER (d'après)

102 — La Séparation, — La Réconciliation. Deux pièces faisant pendants, gravées par Cholet. Très belles épreuves, en couleur.

CHEESMAN (F.)

103 — Roxalana. — Elmire. Deux pièces faisant pendants, publiées en 1791 et 1792. Très belles épreuves.

CHÉREAU (A Paris, chez)

104 — Hommage à la liberté. Pièce en largeur, coloriée.

CHÉREAU ET JOUBERT (A Paris, chez)

105 — L'Amusement utile, pièce de forme ovale en couleur. Belle épreuve.

CIPRIANI (d'après)

106 — L'Innocence, pièce imprimée en sanguine. Epreuve avant la lettre.

107 — L'Etude, par Aug. Legrand. Belle épreuve.

108 — Nymphs Bathing, gravé par Tresca. Très belle épreuve, toute marge.

109 — Nymphs and Satyr, — Cimone and Ifigenia. Deux pièces faisant pendants, gravées en couleur par Bovi. Très belles épreuves.

CONDÉ

110 — M. Bannister in the character of Ben the sailor. In-4, en bistre. Belle épreuve.

COOPER (R.)

111 — Mutual love, 1807. In-fol. Très belle épreuve, marge.

COPIA

112 — Buste de Marat, mort, d'après David. Belle épreuve.

CORBET (d'après)

113 — La Matinée du bois de Romainville. — L'Après-midi des Près Saint-Gervais. Deux pièces faisant pendants gravées par Bonoît. Belles épreuves.

CORBUTT (Ch.)

114 — Portrait de femme, d'après Titien. In-fol. Belle épreuve.

COSSE (d'après)

115 — Affliction d'une famille qui a perdu un de ses enfants, — Joie de la famille en retrouvant l'enfant qui s'était perdu. Deux pièces faisant pendants, gravées par N. Place et publiées à Londres en 1798. Très belles épreuves.

COSWAY (d'après MARIA)

116 — The birth of the Thames, par W. Tomkins, 1802. Très belle épreuve avec marge.

COSWAY (d'après R.)

117 — *Cosway* (Maria), gravé par C. G. Playter. In-4. Belle épreuve.

118 — *Cosway* (R), gravé par Bova, élève de Bartolozzi. In-4, en couleur. Belle épreuve.

119 — *Damer* (M), par L. Schiavonetti. In-8. Très belle épreuve.

120 — *Lyttelton* (Elizabeth Dowager Lady), par Ch. Townley. In-8. Très belle épreuve.

COTES (d'après F.)

121 — *York* (Mrs), gravé par Val. Green 1768. In-fol. Très belle épreuve avec marge.

COURTRY (CH.)

122 — Portrait de Mlle Guimard représentée jouant de la mandoline, d'après Fragonard. Épreuve d'artiste.

COYPEL (ANT.)

123 — Bacchus et Ariadne, — Persée délivre Andromède, d'après Ch. Coypel, par L. Surugue. Deux pièces. Belles épreuves.

CRAIG (d'après W.-M.)

124 — Jeune femme debout dans son salon, par Landser, 1807. Très belle épreuve avant la lettre, marge.

CREWE (d'après EMMA)

125 — The hermit, par W. Dickinson. In-fol. en bistre. Très belle épreuve.

CRUIKSHANK ET GILRRAY

126 — Caricatures sur Napoléon, en couleur. Cinq pièces.

DAMAME-DESMARTRAIS

127 — Vue du Carrousel, — Vue de l'Ile de la cité, — Vue du quai Saint-Bernard. Quatre pièces dont une double. Très belles épreuves, marges.

128 — Vue du château de Versailles, — Vue de la grande terrasse de Versailles, — Vue de l'Orangerie de Versailles, — Vue du Parc de Versailles. Cinq pièces, dont une double. Très belles épreuves, marges.

DAMOUGEOT

129 — Le Bouquet de la petite sœur, en couleur. Très belle épreuve, marge.

DANIEL (James) excudit

130 — Le Lion et le Serpent, en couleur. Belle épreuve.

DAUDET (A Lyon, chez)

131 — Les Saisons,—Moïse sauvé des eaux, etc. Neuf pièces, composition dans des bordures ornementées, pour ornement de paravents et autres.

DAVID (F.-A.)

132 — Code Napoléon. Deux pièces allégoriques. Très belles épreuves avant la lettre, plus une double avec la lettre. Trois pièces.

DAVID et STEUBEN (d'après)

133 — Le Serment du jeu de Paume, — Mort de Napoléon. Deux pièces.

DAWE (H.)

134 — A Merning star, — An Evening star. Deux pièces en couleur, faisant pendants. Très belles épreuves.

DEBUCOURT (P.-L.)

135 — Exercice de Franconi, d'après C. Vernet. Très belle épreuve avant la lettre.

136 — Le Soldat français, — Le Drapeau, — La Vivandière. Trois pièces faisant pendants. Très belles épreuves avec marges.

DEBUCOURT (P.-L.)

137 — Barrière de Charenton, — Barrière de Bercy, — Barrière du faubourg Saint-Martin. Trois pièces. Belles épreuves avec marges.

138 — Le Chasseur au tirer, d'après C. Vernet. Belle épreuve.

DELION (A Paris, chez)

139 — *Marie-Louise*. Impératrice des Français, en grand costume de cour. In-4. Belle épreuve.

DEMARNE (d'après)

140 — La Valeur récompensée à la prise de la Grenade, le 4 juillet 1779, par Laurent. Bonne épreuve.

DENON

141 — Le Serment du jeu de Paume, d'après David. Epreuve avant la lettre, marge.

DESCOURTIS (Ph.)

142 — Vue du Port Saint-Paul, — Vue de la porte Saint-Bernard. Deux pièces faisant pendants, gravées en couleur d'après de Machy. Très belles épreuves.

DEVOSGES (d'après A.)

143 — Cérès et l'Amour, par Perée et Cazenave, en couleur. Belle épreuve, marge.

DICKINSON (W.)

144 — The Gardens of Carleton-House, with Neapolitan ballad singers, dessiné le 18 mai 1784 et publié le 10 mai 1785. Grande et belle pièce en largeur, très intéressante comme costumes de cette époque. Superbe épreuve, imprimée en bistre, marge.

145 — *Foreman* (Hélène), d'après Rubens. In-fol. en manière noire. Très belle épreuve encadrée.

146 — *Talleyrand* (Mme de), princesse de Bénevent, d'après Gérard. In-fol. en pied. Belle épreuve.

DIGHTON (d'après R.)

147 — Eloïsa, — Cléopatra, — Sainte Agnès. Trois pièces pour dessus de boîtes, gravées par Laurie. Belles épreuves, toutes marges.

DIVERS

148 — *Louis-Philippe*, par Jazet, d'après Gosse, — Le Comte *d'Artois*, par Audouin, d'après Saint, — *Cavaignac*, — Le Duc de *Nemours*, par Pannier, d'après Winterhalter. Quatre portraits in-fol.

149 — L'Hiver, — Anticipation, — Autumn of Life, — La Visite du médecin, — Marie princesse d'Arenberg, d'après Van-Dyck, etc. Six pièces.

D. O.

150 — The fair floris. Jolie pièce publiée en 1787. In-8. Très belle épreuve, marge.

DOWNMAN (d'après)

151 — *Richmond* (Her grace the Dutchess of), gravé par Burke. In-4. Très belle épreuve.

DREUX (d'après ALFRED DE)

152 — Cavaliers arabes. Deux pièces lithographiées par Lassalle. Belles épreuves.

DREVET (P.-J.)

153 — *Bernard* (Samuel), fameux financier, d'après H. Rigaud. In-fol. en pied. Très belle épreuve.

DUPLESSIS (A.)

154 — A la nation française, les protestans reconnaissans. Belle épreuve.

DURMER (F.-V.)

155 — Vénus et Adonis, — Le Repos de Diane. Deux pièces en couleur faisant pendants, d'après Nahl et Balen. Très belles épreuves, grandes marges.

ÉCOLE ANGLAISE

156 — Les Abeilles envolées. Pièce en largeur. Très belle épreuve avant la lettre, toute marge.

157 — Danaë. Pièce en largeur gravée à la manière noire. Très belle épreuve, marge.

158 — Le jeune Berger. Pièce in-4 de forme ovale. Très belle épreuve avant toute lettre.

159 — Jupiter and Leda, 1792. En couleur. Belle épreuve.

160 — Miss *Kneller* in the character of S. Agnès, — Miss Harriet *Parrot*, — Mrs *Green* and Child, — Mrs *Pitt*. Quatre portraits in-8 gravés par Spencer, V. Green, etc. Belles épreuves.

161 — Portrait de femme assise dans un fauteuil, coiffée d'un turban. In-fol. Très belle épreuve avant toute lettre.

162 — Sophronia, — Cecilia Everard. Deux pièces ovales faisant pendants, couleur. Très belles épreuves, toutes marges.

163 — Sophronia. Jolie pièce de forme ovale, in-4. Très belle épreuve, toute marge.

164 — Sultane tenant un bouquet de fleurs. Pièce gravée au burin. Très belle épreuve avant toute lettre.

165 — Portraits de femmes, publiés vers 1830. Quatorze pièces in-8.

166 — Portraits de personnages anglais célèbres, publiés par Cadell et Daviès. Onze pièces in-fol. Belles épreuves.

ÉCOLE FRANÇAISE DU XVIIIᵉ SIÈCLE

167 — Bon! t'y voilà. Jolie pièce en couleur de forme ronde. Belle épreuve avec marge.

168 — Bustes de jeunes femmes, avec voiles sur la tête. Deux pièces en couleur faisant pendants. Belles épreuves.

169 — Buste de Cérès, en couleur. Très belle épreuve.

ÉCOLE MODERNE

170 — Sous ce numéro, il sera vendu par lots quelques eaux-fortes par Guérard, Saffrey, Varin, Jonkind, Ballin, Laurens, Meryon, Chifflard, Queyroy, etc.

EISEN (Ch.)

171 — Les trois Grâces. Jolie pièce gravée à l'eau-forte. Belle épreuve, toute marge.

EISEN (d'après Ch.)

172 — L'Accord du mariage, — Le Bouquet. Deux pièces faisant pendants, gravées par R. Gaillard. Belles épreuves.

173 — Bal chinois, gravé par François. Belle épreuve.

ESBRARD

174 — Prise de Ratisbonne, d'après Gautherot. Belle épreuve.

FABER (J.)

175 — *Hamilton* (Lady), d'après Kneller. In-fol. Belle épreuve.

176 — Rural Life, d'après Mercier. In-fol. Deux pièces faisant pendants. Très belles épreuves.

177 — A scene in the Careless Husband, d'après P. Mercier. Très belle épreuve.

FISHER (E.)

178 — The Nut brown Maid, d'après F. Cotes. In-fol. Belle épreuve.

FLEETWOOD (J.-B.)

179 — Miss Lady et son pendant. Deux pièces en couleur de forme ovale. Très belles épreuves, marges.

FRAGONARD Fils (d'après)

180 — Buste de Napoléon sur un piédestal; à droite, Minerve; à gauche, une muse. Gravé par Castel et Mme Benoist. Belle épreuve.

FRESCHI (A.)

181 — Angelica and Medora, d'après Matteini. Belle épreuve.

FRYE (Th.)

182 — Portrait d'un jeune homme coiffé d'un turban, les deux mains appuyées sur un livre, 1760. In-fol. Très belle épreuve.

183 — Portrait d'une jeune femme, vue de face; elle est coiffée d'un chapeau et tient un éventail de la main droite (18). Superbe épreuve avec marge.

GAILLARD (R.)

184 — *Galitzin* (Catherine, princesse de), d'après Vanloo. In-fol. Très belle épreuve encadrée.

GAINSBOROUGH (d'après)

185 — *Penant* (Th.), par W. Ridley. In-8, 1793. Belle épreuve.

GAMBLE ET COIPEL (A Paris, chez)

186 — La Curieuse indiscrète. Très belle épreuve.

187 — La même estampe. Belle épreuve.

GAVARNI

188 — Le Foyer, — La Chanson de table, — Le Lansquenet. Suite de trois pièces. Très belles épreuves sur chine.

189 — Les mêmes pièces. Belles épreuves, dont deux coloriées.

GÉRARD (d'après Mlle)

190 — Geneviève de Brabant vouée à la mort, par Aug. Le Grand. Belle épreuve, marge.

GÉRICAULT

191 — Retour de Russie (12-r-r). Superbe épreuve du premier état, sans le titre, avec l'adresse de l'imprimeur, imprimée à deux teintes. Très belle épreuve.

GILLRAY (J.)

192 — The Triumph of Benevolence, 1788. Très belle épreuve.

193 — Sophia, Honour and the Chambermaid, 1780. In-4 en bistre. Belle épreuve.

194 — A Sale of English beauties, in the East indies, 1786. Grande pièce en largeur, en couleur. Très belle épreuve.

GIRARD (F.)

195 — L'Attaque, — Le Débuché, — La Curée. Trois pièces d'après G. Lépaulle. Bonnes épreuves.

196 — *Sontag* (Madame), d'après Paul Delaroche. In-fol. Très belle épreuve.

197 — Portrait de femme, d'après Paul Delaroche. In-fol. Epreuve avant la lettre.

GIRARD (A Paris, chez)

198 — Sophia et Olivia, — Olivia et Sophia with fortune-teller. Deux pièces en couleur faisant pendants. Très belles épreuves, marges.

GODBY ET MERKE

199 — Fox Hounds, d'après Gooch, en couleur. Très belle épreuve.

GRAVELOT (d'après H.)

200 — *Auretti* (Mademoiselle), représentée dansant. Gravé par G. Scotin. In-fol. Très belle épreuve.

GREEN (V.)

201 — Astrea instructing arthegal, d'après Maria Cosway. 1785. Très belle épreuve.

GUNST (P.)

202 — *Chesterfield* (Anne Countess of). — *Grandison* (W. V. vicount). — *Wharton* (Philadelphia and Elizabeth). Trois portraits in-fol., d'après Van Dyck. Belles épreuves.

GUNST (P.)

X X 203 — *Smith* (Margarett). — *Carlisle* (Lucy countess of). — *Goodwin* (Jane). — *Chaworts* (lord Vicount). Quatre portraits in-fol. en pied, d'après Van Dyck. Belles épreuves.

HAID

204 — La recherche des Appas. — Le Miroir. Deux pièces faisant pendants, gravées à la manière noire. Belles épreuves.

HAMILTON (d'après W.)

205 — Diana, — Hébé. Deux pièces faisant pendants, gravées par Bartoloti. Très belles épreuves imprimées en bistre, toutes marges.

206 — Diana, par Bartoloti, en couleur. 1788. Très belle épreuve, toute marge.

HARDING (d'après S.)

207 — The Banquet, par J. Baldrey. 1786. Très belle épreuve, toute marge.

HARPER (d'après T)

208 — The miniature, par G. Mailé. 1822. Très belle épreuve.

HAYNES (J.)

209 — *Fox* (Henry), d'après Hogarth. In-4°. Belle épreuve.

HODGES (C.-H.)

210 — Brune (le général). In-fol. en manière noire. Très belle épreuve, marge.

HODGETTS (Th.)

X 211 — Portrait de femme, coiffée d'un grand chapeau orné de plumes. In-fol. Belle épreuve.

HOLMÉS (d'après J.)

212 — Going to school, gravé en couleur par W. Say. Très belle épreuve, marge.

HOPPNER (d'après J.)

213 — Sir Ralph *Abercromby*, par F. Bartolozzi. In-fol. Très belle épreuve.

214 — *Saint-Asaph* (Charlotte Viscountess), par Cooper. In-8. Très belle épreuve avant l'adresse.

215 — *Saint-Asaph* (Charlotte Viscountess). — *Andover* (Jane-Elizabeth Viscountess). Deux portraits in-8, gravés par Cooper. Très belles épreuves.

216 — *Villiers* (Lady Catherine), par R. Cooper. In-8. Très belle épreuve.

HOPPNER et HUCK (d'après)

217 — Primrose Girl, — The Oystrgvil. Deux pièces faisant pendants, gravées par Dean et Young. 1785-1786. Très belles épreuves.

HOUBRAKEN

218 — *Haendel* (G. F.). In-fol. Belle épreuve.

HOUSTON (R.)

219 — Chloë in the Country, d'après Pickering. In-fol. Belle épreuve.

HUCK (d'après J.-G.)

220 — The Mouse Trap, gravé par Th. Park. 1786. Très belle épreuve.

221 — The Grappe Girl, par J. Young. 1786. In-fol. en couleur. Très belle épreuve encadrée.

HUET (d'après J.-B.)

222 — La Douceur et l'Amitié enchaînent l'Amour. — La Fidélité couronne l'Amour. Deux pièces faisant pendants, gravées par Wolff. Belles épreuves.

HUET (d'après J.-B.)

223 — Lion avec son chien. — Lionne avec ses lionceaux. Deux pièces faisant pendants, gravées aux crayons de couleur, par A. Noel. Belles épreuves.

ISABEY (d'après)

224 — Napoléon à la Malmaison, par L. Rados. In-fol. en pied. Belle épreuve.

225 — *Zamoyski* (Sophia, Countess), par Agar. In-fol. Très belle épreuve.

JACKSON (d'après)

226 — English Lady, par S. W. Reynolds. In-fol. Très belle épreuve, marge.

JANINET (F.)

227 — Repas des Moissonneurs, d'après Wille fils, en couleur. Bonne épreuve.

228 — Mme Favart, rôle de Roxelane. In-8, en couleur. Très belle épreuve, encadrée.

JAZET

229 — Arrivée du duc d'Enghien aux Champs-Élysées, d'après Roehn. Épreuve avant la lettre.

230 — Le Colin-Maillard, — Le Doigt coupé, — Les Politiques de village, — Le Braconnier pris, — l'Aveugle jouant du violon, —Le Jour de Loyer, suite de six pièces d'après D. Wilkie. Très belles épreuves.

231 — Intérieur d'un atelier, d'après H. Vernet.

232 — *Colbert* (le général), d'après Gérard. In-fol. en pied.

233 — Napoléon, duc de Reichstadt. In-fol. équestre. Très belle épreuve avant toute lettre.

JAZET et S.-W. REYNOLDS

234 — Bivouac du 3e Régiment de hussards, commandé par le colonel Moncey, — Scènes militaires, — L'Évasion, quatre pièces d'après H. Vernet. Belles épreuves.

JEAN (A Paris, chez)

235 — L'Empereur, les Princes ses frères et les ministres de l'Empire, représentés en grands costumes sur une même feuille, coloriée. Belle épreuve, marge.

JENKINS (J.)

236 — The lady John Russell, d'après Chalon. In-4, Belle épreuve.

JONES (J.)

237 — *Price* (Thomas), d'après W. Lawranson. 1783. In-fol. Très belle épreuve.

JUDKINS (E.)

238 — *Beatson* (Miss), d'après Read. 1770. In-fol. Très belle épreuve.

KAUFFMAN (d'après Ang.)

239 — La Beauté, la Prudence et la Folie, gravé en couleur par Rose Le Noir.

240 — Diane à la chasse, suivie de deux guerriers, gravé par Ryder. Très belle gravure avant la lettre.

241 — Happines and Wisdom, slovers and fair heaven, par Bartoloni, en couleur. Très belle épreuve, marge.

242 — The Muses Crowning the bust of Pope. In-8, ovale en largeur, imprimée en sanguine. Belle épreuve.

243 — La Penserosa, — L'Allegra. Deux pièces faisant pendants, publiées en 1779. Très belles épreuves, marge.

244 — Renaud, couronné de fleurs par Armide. Très belle épreuve, imprimée en bistre, toute marge.

245 — Rinoldo et Armida, par Bartoloti. Très belle épreuve, toute marge.

246 — Vénus parée par les Grâces, par J. Boilet. Belle épreuve.

KNELLER (d'après G.)

247 — *Knatchbull* (Mme), in-4. Bonne épreuve.

LALANNE (Maxime)

248 — Souvenirs artistiques du siège de Paris. 1870-1871. Neuf pièces dans la couverture de publication.

LANCRET (d'après)

249 — Costumes gravés par Joubert ; homme et femme représentés dans une bordure d'ornement, coloriés. Deux pièces

LANE (R.-J.)

250 — *Lyndhurst* (Lady), lithographie publiée en 1829. In-fol. Belle épreuve sur chine.

LASINIO

251 — Sybila Samia, — La Descente de Croix, — Les Rois Mages arrivant à Bethléem. Trois pièces gravées et imprimées en couleur d'après le Dominiquin et A. Delsarto. Belles épreuves.

LATTRÉ (A Paris, chez)

252 — Arbre chronologique, généalogique et historique de la famille royale des Stuarts, depuis Milesius jusqu'à Jacques III d'Angleterre et d'Irlande, et le huitième d'Écosse.

LAUGIER

253 — *Stael-Holstein* (Anne-Louise-Germaine Necker, baronne de), d'après Gérard. In-fol. Belle épreuve.

LAURENT (P.)

254 — Mort de d'Assas, en octobre 1760, près de Clostercamp, sur le Bas-Rhin, d'après Casanova. Belle épreuve.

255 — Henri IV et Sully après la bataille d'Ivry, d'après Bonieu. Belle épreuve.

LAURIE (R.)

256 — *I view my crime, but kindle at the view, repent old Pleasures, and solicit new*, d'après Millar, 1776. Belle épreuve.

LAWRENCE (d'après sir TH.)

257 — The fair forester, par Doo. Très belle épreuve.

258 — A Lady, par E. Desmaisons. In-fol. Belle épreuve.

259 — *Bunbury* (Henry), par Ryder. In-fol. en couleur. Belle épreuve.

260 — Le même portrait. Rare épreuve avant toute lettre, à l'état d'eau-forte.

261 — *Canning* (George), par Ch. Turner. In-fol. Belle épreuve toute marge.

262 — *Cavendish* (lord), par G. Dawe. In-fol. Très belle épreuve avant toute lettre.

263 — *Clam-Martinies* (lady Selina Meade, countess), par Doo. In-fol. Belle épreuve.

264 — *Gordon* (the lady Georgina), par Lewis. In-fol. Très belle épreuve, toute marge.

265 — *Grosvenor* (lady), par C. Turner. Très belle épreuve, marge.

266 — *Leicester* (lady), represented as Hope, gravé par H. Meyer. In-fol. en pied. Très belle épreuve sur chine.

267 — *Littleton* (Mrs), gravé par Turner. In-fol. Belle épreuve, marge.

268 — *Murray* (miss), par Phillips, — lady *Grey* et ses enfants. Deux pièces in-4. Belles épreuves.

269 — *Seymour Bathurst* (the Honble Mrs), par R. J. Lane, Belle épreuve sur chine.

LE GRAND

270 — Italian fruit girl, en couleur. Très belle épreuve, marge.

LE LEU (L.-D.)

271 — Première vue du cortège de Sa Majesté Napoléon Ier, empereur des Français, passant devant le Palais du tribunal pour se rendre à Notre-Dame et y être sacré par le pape Pie VII, le 2 décembre 1804. Très belle épreuve avec marge.

LEMUD (A. DE)

272 — Maître Wolframb, — Hélène Adelsfreit. Deux pièces faisant pendants. Belles épreuves.

LEPRINCE (d'après)

273 — Les Modèles, par de Longueil. Belle épreuve avant toute lettre.

274 — The Welcome Necos, par L. Marin, en couleur. Très belle épreuve.

LE ROY (d'après)

275 — Anna, par Legrand, en couleur. Très belle épreuve.

276 — Le Désir, gravé en couleur par Legrand. Belle épreuve.

277 — Les deux amies, 1785. Belle épreuve imprimée en bistre.

LESPINASSE (d'après)

278 — Vue intérieure de Paris, représentant le Port au Blé depuis l'extrémité de l'ancien Marché aux Veaux jusqu'au pont Notre-Dame, — Vue intérieure de Paris, prise du milieu du Pont-Neuf regardant le pont des Arts. Deux pièces gravées par Berthault. Belles épreuves, marge.

LEWIS (F.-C.)

279 — Une Andalouse. In-fol. Epreuve avant la lettre, sur chine.

LOMBART (P.)

280 — Les Comtes et Comtesses, d'après Van-Dyck. Neuf pièces d'une suite de douze. In-fol. Très belles épreuves.

281 — Deux pièces de la même suite. Très belles épreuves avec marge.

LONGHI (J.)

282 — Bonaparte à la bataille d'Arcole, le 27 brumaire, an V, d'après Le Gros. In-fol. Belle épreuve.

LOUYS (J.)

283 — Anne d'Autriche, reine de France, d'après Rubens. In-fol. Belle épreuve.

MALLET (d'après)

284 — La Fidélité, par J.-P. Simon, en couleur. Belle épreuve, marge.

285 — Le Lendemain de noce, — Le Bain, — La Frileuse, — La Réussite. Quatre pièces gravées par Benoist, Cardon, Gérard fils et Choubard. Belles épreuves dont trois en couleur.

MAILE (G.)

286 — Rosina, d'après Lepaulle. Belle épreuve.

MARLET

287 — Exposition des produits de l'industrie française au Louvre en 1819, salle d'Henri IV. Belle épreuve.

288 — La Galerie du Palais-Royal, lithographie publiée vers 1830. Très belle épreuve, grande marge.

289 — La Vivandière. Lithographie de C. de Lasteyrie. Belle épreuve.

MATHAM (J.)

290 — *Béthune* (Max de), duc de Sully. (B., 25). Très belle épreuve.

MATHIEU (J.)

291 — Pèlerinage à Saint-Nicolas, d'après De Launay de Bayeux. Belle épreuve.

MEISSONIER (E.)

292 — Le Sergent rapporteur. Belle épreuve.

293 — Le Polichinelle. Belle épreuve.

MERCURY (P.)

294 — *Maintenon* (la marquise de), d'après Petitot. Très belle épreuve avant la lettre, de la première planche.

295 — *Maintenon* (la marquise de), d'après Petitot. Très belle épreuve de la seconde planche, avec la bordure.

MERYON (Ch.)

296 — Vue de l'ancien Louvre du côté de la Seine, d'après Zeeman, — Tourelle, rue de l'Ecole-de-Médecine. Deux pièces.

297 — Le Grand Châtelet à Paris, d'après un dessin ancien. Superbe épreuve avant la lettre.

298 — La même estampe. Très belle épreuve avec la lettre. — La Tour de l'Horloge, — La Pompe Notre-Dame. Deux pièces. Epreuves sur chine.

298 bis. — Les mêmes estampes. Epreuves sur chine.

299 — Le Petit-Pont. Epreuve sur chine.

300 — Bain froid Chevrier, dit de l'Ecole, — Rue des Chantres, — La pompe Notre-Dame, — La Galerie Notre-Dame. Quatre pièces. Belles épreuves.

301 — Ministère de la marine. Belle épreuve.

302 — La même estampe. Très belle épreuve avant la lettre.

303 — Nouvelle Zélande, presqu'île de Banks, 1845. — Voyage du Rhin, Océanie, ilots à Uvea, Pêche aux Palmes. Avant la lettre. Deux pièces. Très belles épreuves.

MERYON (Ch.)

304 — Portrait de M. Casimir *Lecomte*. In-fol. Belle épreuve.

MEYER (H.)

305 — *Gainsborough* (Thomas), d'après J. Jackson. In-4. Très belle épreuve, toute marge.

306 — *Wales* (The Princesse Charlotte of). In-4. Très belle épreuve sur chine.

MILLET (d'après)

307 — Gravures sur bois d'après les eaux-fortes de Millet. Vingt et une pièces.

MIXELLE (D.)

308 — Le Retour du soldat. Très belle épreuve.

309 — Sculpture, pièce en couleur. In-4 en largeur. Belle épreuve, toute marge.

MORLAND (d'après G.)

310 — Constancy, par Bartoloti. Très belle épreuve en couleur, toute marge.

311 — Constancy, — Variety. Deux pièces faisant pendants, gravées par Bartoloti. Très belles épreuves, toute marge.

312 — Domestic happiness, — The Elopement, — Dressing for the Masquerade, — The Virtuous parent. Suite de quatre pièces gravées par Bartolotti. Très belles épreuves, toutes marges.

313 — The farmers stable, — The farm yard. Deux pièces gravées par W. Ward. Belles épreuves.

314 — Fern Gatherers. Pièce en largeur. Très belle épreuve avant toute lettre, marge.

315 — Fishermen going out, — Fishermen on shore. Deux pièces faisant pendants, gravées par S. W. Reynolds. Belles épreuves.

MORLAND (d'après G.)

316 — Gathering wood, — Gathering fruit. Deux pièces faisant pendants, gravées par R. M. Meadows, 1799. Très belles épreuves.

317 — The horse feeder. Très belle épreuve, marge.

318 — Louisa. Deux pièces en couleur faisant pendants, gravées par Aug. Legrand. Très belles épreuves.

319 — The Unlucky Boy. In-fol. Très belle épreuve.

320 — Watering the cart horse, gravé par I. R. Smith. Belle épreuve.

MOUCHET (d'après)

321 — Couchez là, — Le Réveil importun. Deux pièces faisant pendants, gravées par L. Darcis. Très belles épreuves, grandes marges.

322 — L'Illusion, par L. Darcis. Très belle épreuve, toute marge.

323 — Qui est là? par Darcis. Très belle épreuve.

NATTIER (d'après)

324 — Un jeune homme, assis à une table, verse à boire à sa maîtresse. Belle épreuve.

NETSCHER (d'après)

325 — Vertumne et Pomone. In-fol. Belle épreuve, marge.

NEWTON (d'après G.-S.)

326 — Portrait d'une jeune fille, représentée vue de face, lisant, gravé par Sangster, 1834. Très belle épreuve avant la lettre.

NEWTON (R.)

327 — A Bachelor's Litany. Douze compositions sur deux feuilles, en couleur. Très belles épreuves avec marge. Rares.

NOEL (à Paris, chez)

328 — La Pudeur en défaut, — La Pudeur alarmée. Deux pièces en couleur faisant pendants. Très belles épreuves, toute marge.

OPIE (d'après L.)

329 — A Winter's tale, par V. Green, 1785. Très belle épreuve.

PAGES (d'après A.)

330 — Le Roman, par A.-M. Huffam, en couleur. Belle épreuve.

PAYE (d'après R.-M.)

331 — Young Sailors, gravé en couleur par Young. 1808. Très belle épreuve, marge.

PAUQUET (L.)

332 — Marie Stuart, d'après Ducis. Belle épreuve.

PELHAM (P.)

333 — *Cooper* (Mrs Priscilla), d'après Dahll. In-fol. Belle épreuve.

PETHER (W.)

334 — The Continence of the chevalier Bayard, d'après E. Penny. Très belle épreuve.

PETIT

335 — Monseigneur le Dauphin, d'après Fenouil. In-fol. en pied. Très belle épreuve.

PILLEMENT (d'après)

336 — Le Midi, — La Sortie du bois, — Le Petit pont de pierre, — Le Vent, etc. Cinq pièces par divers graveurs, dont une avant la lettre.

POINCELLIER (N.-A.)

337 — Plan en élévation de la ville de Soissons et ses environs, gravé par Lucas. Belle épreuve, marge.

POLLARD (d'après)

338 — The Beggar of bednall Green, his Daughter and the Knight, par Jukes. Très belle épreuve.

POUGET

339 — Chiffres avec devises et Portraits de Henri IV, Louis XV et Voltaire. In-4. Très belle épreuve, marge.

PROBST (G.-B.) EXCUDIT

340 — Vue de Paris, grande pièce en largeur. Belle épreuve.

PRUD'HON (d'après P.-P.)

341 — Triomphe de Trajan, lithographié par Maurin. Belle épreuve sur chine.

342 — La Richesse, — L'Amour. Deux pièces gravées par A. Boilly. Belles épreuves.

343 — Le Roi de Rome, par A. Lefèvre. Belle épreuve.

RAFFET

344 — Napoléon. Affiche pour l'histoire de Napoléon par de Norvins, (121 r.) Très belle épreuve de premier tirage.

RAMBERG

345 — Joconde, — La Jument du compère Pierre. Deux pièces en couleur.

346 — Le Marché aux esclaves. Belle épreuve coloriée.

347 — La même composition, gravée en réduction. Belle épreuve coloriée.

348 — Soldats au cabaret. Deux pièces faisant pendants, coloriées.

RAMSAY (d'après)

349 — Portrait d'homme, in-8, gravé par Jones. Belle épreuve.

READING (B.)

350 — John Maitland, duke of Lauderdale, and Elisabeth his dutchess. In-8 en largeur. Belle épreuve, marge.

REHBERG (d'après F.)

351 — Bacchus's and cupid's vintage, par J. Godby. Très belle épreuve, marge.

REYNOLDS (d'après sir J.)

352 — The affectionate brothers, par A. Suntach. Belle épreuve.

353 — The age of innocence, par J. Grozer. In-4 en couleur. Belle épreuve.

354 — Birth of Bacchus, par Sailliar. 1788. Très belle épreuve, toute marge.

355 — Contemplation, par W. Birch. In-4. Belle épreuve, toute marge.

356 — The Cottagers, par F. Bartolozzi, 1794. Très belle épreuve, marge.

357 — The fortune teller, par J. K. Shervin, 1784. Belle épreuve.

358 — Innocence, par Bartolozzi. Belle épreuve.

359 — Vénus, par J. Collyer. Belle épreuve.

360 — *Ancaster* (Mary Dutchess of), par Houston, 1758. Très belle épreuve.

361 — *Ancaster* (Mary, Dutchess of), par R. Houston, 1756. In-fol. Très belle épreuve.

362 — *Bingham* (The Honourable Miss), par Bonnefoy. In-fol. en couleur. Très belle épreuve, encadrée.

363 — *Collyer* (Miss), par J. Watson. In-fol. Très belle épreuve.

364 — *Coventry* (Barbara, Countess of), par Spieers. In-fol. Belle épreuve.

365 — *Fenoulhet* (Lady), par R. Purcell. In-fol. Très belle épreuve.

366 — Mrs Williams Hope, of Amsterdam, par Hodges. Très belle épreuve.

REYNOLDS (d'après sir J.)

367 — *Johnston* (Lady Charlotte), par Corbutt. In-fol. Très belle épreuve.

368 — *Oliver* (Miss), par J. Marchi, 1767. In-fol. Très belle épreuve, marge.

369 — *Patterson*, par Th. Watson. In-fol. Superbe épreuve épreuve avant la lettre, marge.

370 — Portland (His Grace the Duke of), par John Murphy, 1796. In-fol. Très belle épreuve, marge.

371 — *Spencer* (Countess), — *Bingham* (Miss). Deux portraits en couleur faisant pendants, gravés par Bonnefoy. Très belles épreuves, toutes marges.

372 — Les mêmes estampes. Très belles épreuves imprimées en bistre, toutes marges.

373 — Mrs *Turner* of Clints in Yorkshire, par M. Ardell. In-fol. Très belle épreuve.

374 — Prince *William Frederic*, son to their royal Highness the Duke and Duchess of Gloucester, par Caroline Watson. In-fol. en pied. Très belle épreuve, marge.

375 — Portrait de femme, gravé par J.-M. Ardell. In-fol. Très belle épreuve, marge.

REYNOLDS (S.-W.)

376 — *Buccleugch and Queensberry* (Elizabeth Duchess of), d'après W. Owen. In-fol. Belle épreuve.

377 — Portrait de femme, coiffée d'un turban, d'après Dubufe. Belle épreuve avant la lettre.

RICHOMME (Th.)

378 — Henri IV et ses enfants, — Mort de Léonard de Vinci. Deux pièces faisant pendants, d'après Ingres. Belles épreuves.

RIGAUD (d'après J.-F.)

379 — Lovelace en prison, par Bonnefoy. Belle épreuve, toute marge.

380 — The death of Lindamore, par Bonnefoy. Très belle épreuve, toute marge.

381 — La même estampe. Très belle épreuve, toute marge.

ROBERTSON (d'après A.)

382 — La Lecture, par S. W. Reynolds. Belle épreuve avan la lettre, marge.

ROWLANDSON (T.)

383 — The overdrove ox, pièce en couleur publiée en 1790. Très belle épreuve.

RUOTTE

384 — Claudia, en couleur. Belle épreuve.

RUSSELL (d'après J.)

385 — Tom and his pidgeons, — The favorite rabbit. Deux pièces faisant pendants, gravées par C. Knigt. Très belles épreuves, marges.

386 — Louisa, par Read. In-4 en bistre. Très belle épreuve.

387 — Maria, par A. Junge, en couleur. Belle épreuve.

RYALL (H.-T.)

388 — Rose Bradwardine, d'après A.-E. Chalon. In-fol. Belle épreuve sur chine.

SADOUX (E.)

389 — Vue de l'Hôtel de Ville de Paris, 1886. Epreuve avant la lettre, sur chine.

SAINT-AUBIN (d'après Aug. de)

390 — L'Hommage réciproque (M. et Mme Saint-Aubin). Deux pièces faisant pendants, gravées en couleur par Gautier (E. B., 410-411). Très belles épreuves, encadrées.

SAINT-AUBIN (d'après Aug. de)

391 — C'est ici les différens jeux des petits polissons de
Paris. Suite de six pièces gravées par Tilliard. Belles
épreuves.

SAINT-AUBIN (C.)

392 — *Saint Aubin* (Miss), 1789. In-4. Belle épreuve.

SATORIUS d'après)

393 — Smolensko, cheval de course ayant gagné le prix en
1813, gravé par Hofsel. Très belle épreuve, marge.

SAY (W.)

394 — Jeune femme représentée sur un sopha (Miss Corbaux).
In-fol. en largeur. Très belle épreuve avant toute lettre.

SAYER (R.)

395 — The Amourous beauty. In-fol. Très belle épreuve.

SCARODOMOFF (G.)

396 — A. Sultana, d'après Loutherbourg, imprimée en sanguine. Bonne épreuve.

SCHALL (d'après F.)

397 — Les Désirs de l'amour. — Les Plaisirs de l'hymen.
Deux pièces faisant pendants, gravées par Aug. Le
Grand. Très belles épreuves, marges.

398 — Le Souvenir agréable. — Le Repos interrompu. Deux
pièces faisant pendants, gravées par Vidal. Très belles
épreuves.

SCHELLEY (d'après S.)

399 — Mrs. Bryan and children, gravé par W. Nutter. In-4.
Très belle épreuve.

400 — Alexis. — Grubbinol. Deux pièces faisant pendants,
gravées par Osborne et W. Nutter. Belles épreuves.

SCHAVIONETTI (N.)

401 — *Banks* (Sir Joseph), d'après Th. Phillips, 1812. In-fol. très belle épreuve.

402 — Le même portrait. Rare épreuve avant toute lettre, à l'état d'eau-forte.

SICARDI (d'après)

403 — Ah! quel plaisir, par Mecou, en couleur. Belle épreuve.

404 — Furbetto, ormai ti tengo! par B. Roger, en couleur. Belle épreuve.

405 — Mirate che bel visino, par Mecou, en couleur. Belle épreuve.

SIMON (J.)

406 — *Hanover* (Anna Sophia, Princess of). In-fol. Belle épreuve.

407 — *Marlborough* (Duchesse de), d'après Kneller. In-fol. Très belle épreuve.

408 — La Française coquette, par Prud'hon fils, en couleur. Très belle épreuve.

SINGLETON (d'après R.)

409 — Scarcity in India. — British plenty. Deux pièces faisant pendants, gravées en couleur par Bartoloti. Très belles épreuves, toutes marges.

410 — Flora, par F. D. Soiron, 1791. Belle épreuve.

411 — The death of major Pierson, par A. Kessler. Très belle épreuve, grande marge.

SINTZÉNICH

412 — *Orange* (Frederique Louise Wilhelmine de Prusse, princesse d'), d'après Schröder. In-fol. Très belle épreuve encadrée.

SIXDENIERS

413 — Funérailles de Marceau, d'après Bouchot. Bonne épreuve.

SKELTON (W.)

414 — *Arden* (Margaretta Elizabeth, Baroness), d'après Joseph. In-4. Epreuve sur Chine.

SKELTON ET HOPWOOD

415 — *Orléans* (S. A. R. Madame Adelaïde, princesse d'), d'après Winterhalter. In-fol. en pied. Belle épreuve.

SMIRKE (d'après R.)

416 — Conjugal affection, gravé par R. Thew. Très belle épreuve, marge.

SMITH (J.)

417 — *D'Avenant* (Madame), d'après Kneller. In-fol. Belle épreuve.

418 — *Carler* (Mrs), d'après G. Kneller. In-fol. Très belle épreuve, marge.

419 — *Carler* (Mrs), d'après Kneller. In-fol. Belle épreuve.

420 — Santa Catharina, d'après Kneller. In-fol. Belle épreuve.

421 — The Lord Churchill's Two Daughters. In-fol. Belle épreuve.

422 — Le même estampe. Très belle épreuve.

423 — *Conwai-Hackett* (Mrs), d'après Riley. In-fol. Belle épreuve.

424 — *Cromwell* (Lady Elizabeth), d'après G. Kneller. In-fol. Très belle épreuve.

425 — *How* (Mrs Rachel), d'après Kneller. In-fol. Belle épreuve.

426 — *Kynnesman* (Madame), d'après G. Schalken. In-fol. Très belle épreuve.

SMITH (J.)

427 — *Mason* (Madam Dorothy), d'après Wissing. In-fol. Belle épreuve.

428 — *Northumberland* (Elizabeth, countess of.), d'après P. Lely. In-fol. Belle épreuve.

429 — *Percivale* (sir John), d'après Kneller. In-fol. en pied. Belle épreuve.

430 — *Rochford* (The right Honourable Bessey, countess of), d'après d'Agar. In-fol. Belle épreuve.

431 — *Sherard* (Mrs), d'après G. Kneller. In-fol. Très belle épreuve.

432 — *Wales* (Wilhelmina-Charlotta, Princess of), d'après Kneller. In-fol. Belle épreuve.

SMITH (d'après J.-R.)

433 — The Lady and Astrologer, par R. Simon, — Innocence and the old-Beau. Deux pièces faisant pendants, publiées en 1802. Très belles épreuves.

434 — Triomphe de Vénus, d'après le Corrège. Très belle épreuve.

435 — Shepherdess, d'après Woodford, 1787. Très belle épreuve imprimée en bistre, toute marge.

436 — The Queen Dowager, — *Marie*, reine d'Angleterre. Deux portraits in-4 en manière noire. Belles épreuves.

437 — Buonaparte first consul of France, d'après Appiani. In-fol. en pied. Belle épreuve.

438 — *Carter* (Miss), — Fitz-William (Mrs). Deux portraits faisant pendants. In-4. Très belles épreuves.

439 — Thoughts on Matrimony. In-4 en bistre. Belle épreuve.

440 — The Moralist, par W. Nutter, 1787. Très belle épreuve, toute marge.

441 — Inattention, par R. M. Meadows. 1791. Très belle épreuve.

SMITH (d'après J.-R.)

442 — La Consolation. In-4, en couleur. Belle épreuve.

SMITH (C.)

443 — *Champion* (J.). In-4 en manière noire. Belle épreuve.

STEWART

444 — *Hodgers* (E. Frances). In-4. Belle épreuve avant la lettre.

STOTHARD (d'après T.)

445 — Rosina, par C. Knight, en couleur. Belle épreuve.

STOW (J.)

446 — *Marie de Rohan*, duchesse de *Luynes*, puis de Chevreuse, d'après Moreelsi. In-fol. Très belle épreuve.

STRANGE (R.)

447 — *Henriette-Marie*, reine d'Angleterre, et ses enfants, d'après Van Dyck. In-fol. Belle épreuve.

SUNTACH (J.)

448 — *Hart* (Madame), d'après Denon. In-4 à l'eau-forte. Belle épreuve.

TASSAERT (J.-J.-F.)

449 — *Bonaparte*, premier Consul de la République française, d'après Apiani et Hennequin. In-fol. équestre. Très belle épreuve.

TAUNAY (d'après)

450 — Foire de village, — Noce de village, — La Rixe, — Le Tambourin. Suite de quatre pièces en couleur gravées par Descourtis. Très belles épreuves encadrées, montées en dessins.

THOMPSON (J.)

451 — Vénus. — Hébé. Deux pièces faisant pendants, d'après T. Harper. Très belles épreuves.

TIEFSLER (E.)

452 — Napoléon, d'après David. Buste fort comme nature, lithographie. *a*

TOMKINS (W.)

453 — Génie tenant une lyre. Fleuron pour un livre in-fol. Belle épreuve avant la lettre.

TOVONLEY-STUBBS (G.)

454 — Delia. — Silvia. Deux pièces faisant pendants. Belles épreuves.

455 — Savoir vivre sans souci, pièce in-4. Belle épreuve.

456 — Chiens en chaîne, d'après Titian. Belle épreuve.

457 — *Baumann* (Miss), d'après sir Graff. In-4. Très belle épreuve, toute marge.

TRESCA (J.)

458 — Roman Nymphs, d'après Guttenbrun, en conleur. Très belle épreuve, toute marge.

459 — La même estampe, en bistre. Très belle épreuve, toute marge.

460 — Wood-Nymph. Jolie pièce de forme ronde. In-4° en bistre. Très belle épreuve, toute marge.

TROTTER (T.)

461 — *Hume* (Miss). In-4°. Très belle épreuve avant la lettre, marge.

DE TROY (d'après)

462 — Toilette pour le bal, — Retour du bal. Deux pièces faisant pendants, gravées par Beauvarlet. Très belles épreuves, sans marge.

VALLOT

463 — Napoléon visitant le champ de bataille d'Eylau, d'après Gros.

VANGELISTY

464 — Vénus et Adonis, en couleur. Très belle épreuve, marge.

VERNET (d'après H.)

465 — A tous les cœurs bien nés que la Patrie est chère, par Jazet. Belle épreuve.

466 — Charleroi, par Jazet. Belle épreuve.

467 — Le chien du régiment, — Le trompette. Deux pièces faisant pendants, gravées par Lecomte et Johannot. Belles épreuves.

468 — La mort du Hussard, par Chollet. Epreuve avant la lettre, sur chine.

469 — Premier régiment de hussards en tirailleurs, par Jazet. Belle épreuve.

470 — *Berri* (Charles Ferdinand, duc de), fils de France, colonel général des chasseurs à cheval et lanciers, par Jazet. Belle épreuve.

VERNET ET STEUBEN (d'après)

471 — Bataille de Friedland, — Retour de l'Ile d'Elbe. Deux pièces gravées par Jazet.

VERTUE (G)

472 — *Boyle* (Robert). In-fol. Belle épreuve.

473 — *Somerset* (William Seymor Duke of), d'après P. Lely. In-fol. Belle épreuve.

VISPRÉ

474 — *Vispré* (Mary). In-fol. Très belle épreuve, marge.

WALKER (E.), excudit.

475 — Mrs Clarke the York Magnet. In-4° en couleur. Très belle épreuve.

WARD (d'après J.)

476 — The Happy father, — The Happy Cottagers. Deux pièces faisant pendants, gravées par **W. Ward**, 1808. Très belles épreuves.

WARD (W.)

477 — The Love Letter, d'après Graham, en couleur. Belle épreuve.

478 — *Canning* (George), d'après Stewardson. In-fol. Très belle épreuve, marge.

WATSON (J.)

479 — *Guerchy* (Claude-Louis-François de Regnier, comte de), d'après Vanloo. In-fol. Belle épreuve.

480 — *Molineux* (Lady), d'après Kettle. 1769. In-fol. Très belle épreuve, marge.

481 — Lucinda, d'après P. Falconet, 1772. In-fol. Très belle épreuve.

WATSON (d'après T.)

482 — *Cleveland* (Barbara, Dutchess of), d'après P. Lely. In-fol. Superbe épreuve avant la lettre.

383 — La même estampe. Belle épreuve.

484 — *Ossory* (Amelia Countess of), d'après P. Lely. In-fol. Superbe épreuve avant la lettre.

485 — Le même portrait. Très belle épreuve avec la lettre.

486 — *Northumberland* (Elizabeth Countess of), d'après P. Lely, in-fol. Superbe épreuve avant toute lettre, grande marge.

487 — La même estampe. Très belle épreuve.

WATT (S.)

488 — Piping Boy, d'après la comtesse Spencer. Très belle épreuve, marge.

WATTEAU (d'après ANT.)

489 — Les Plaisirs de l'été, par V. M. Picot. Belle épreuve.

490 — Prenez des pilules, prenez des pilules. Dr Misabin, gravé par Arthur Pound. Belle épreuve, toute marge.

491 — Titre : L'Œuvre d'Antoine Watteau, peintre du Roy en son Académie Roïale de peinture et sculpture, gravé d'après les tableaux et dessins originaux tirez du cabinet du Roy et des plus curieux de l'Europe, par les soins de M. de Julienne à Paris, fixé à cent exemplaires des premières épreuves, imprimés sur grand papier. Exemplaire avec marges.

WATTEAU (d'après L.)

492 — Le Peintre Lantara dans son intérieur. Deux épreuves, dont une très rare à l'état d'eau-forte, avec marge.

WATTIER (d'après EMILE)

493 — Un petit souper du Régent, par A. Riffaut. Très belle épreuve, sur chine.

WEGNER

494 — Scène de la Révolution de 1848 sur la place du Palais-Royal. Grande lithographie en largeur.

WELLS (J.)

495 — Prise de la Bastille, le 14 juillet 1789, — Départ de la Milice bourgeoise pour Versailles, le 5 octobre 1789, — Entrée du roi à Paris le 6 octobre 1789. Suite de trois pièces en couleur, publiées à Londres en novembre 1889. Très belles épreuves avec grandes marges.

WEST (d'après B.)

496 — The Golden Age, gravé en couleur, par F. Verhelst. Belle épreuve, marge.

497 — The parting of Romeo and Juliet, par G. Scorodomow, en couleur. Très belle épreuve.

498 — Mr West and family, gravé par Grant. Très belle épreuve, marge.

WESTALL (d'après R.)

499 — A Girl returning from milking, par T. Gaugain. Très belle épreuve, grande marge.

500 — Gleaners, — Hop Pickers. Deux pièces en couleur faisant pendants, gravées par Bonnefoy. Belles épreuves.

501 — Les mêmes estampes en couleur. Belles épreuves avec les titres en français : Les Glaneuses et les Eplucheurs de Houblon.

502 — Spring, par A. Zofonato, 1791. Belle épreuve.

503 — The Thrasher, — The Sower. Deux pièces faisant pendant, gravées par S. W. Reynols, en couleur. Belles épreuves.

504 — Her Royal highness the Princess Victoria, gravé par E. Fynden. Deux épreuves, dont une avant toute lettre, à l'état d'eau-forte.

WHEATLY (d'après F.)

505 — Cris de Londres. Deux pièces gravées par A. Cardon et Schiavonetti. Belles épreuves.

506 — The Dipping Well in Hyde Park, par James Godby, 1802. Très belle épreuve, toute marge.

507 — The father's admonition, gravé par Schiavonetti. Très belle épreuve.

508 — La Laitière, par Schiavonetti. Pièce en couleur de la suite des Cris de Londres. Très belle épreuve.

509 — Lindor and Clara. Deux pièces faisant pendants, gravées par R. Stanier. Belles épreuves.

510 — Saint Preux and Julia, — Henry en Jessy. Deux pièces faisant pendants, gravées par R. Pollard et Hogg, 1786. Superbes épreuves avec grandes marges. Très rares.

WHITE (C.-W.)

511 — Palemon and Lavinia, 1781. Pièce imprimée en sanguine. Très belle épreuve.

WHITE (G.)

512 — *Sturges* (John), d'après Vanderbank. In-fol. Belle épreuve.

513 — *Smith* (Madam), d'après E. Gouge. In-fol. Très belle épreuve.

WILKIN (W.)

514 — The Sisters. In-fol. Épreuve sur chine.

WILLE (J.-G.)

515 — *Marigny* (Abel François Poisson, Marquis de), d'après Tocqué. In-fol. Belle épreuve.

WILLE (d'après P.-A.)

516 — Le Patriotisme français, — La Double récompense du mérite. Deux pièces faisant pendants, gravées par Avril. Belles épreuves, toutes marges.

517 — Concert champêtre, — Goûter champêtre. Deux pièces faisant pendants, gravées par Halm. Belles épreuves avec marges.

WILLIAMS (R.)

518 — *Cleaveland* (The Dutchess of), d'après P. Lely. In-fol. Belle épreuve.

519 — *Sidley* (Madam), d'après Wissing. In-4. Belle épreuve, marge.

WILLIAMSON (Th.)

520 — *Spencer* (Countess), d'après Shee. In-8, en couleur. Très belle épreuve.

WILSON (T.-C.)

521 — The Adieu, lithographie in-fol. Épreuve sur chine.

522

WINTERALTER (d'après)

522 — *Cimitile* (le Prince de), par Wagstaff. Belle épreuve.

WOODWARD (G.-M.)

523 — Still Life. Dessin à l'encre de Chine et lavis d'aqua-
relle.

WOODWARD (d'après J.-M.)

524 — The dance of death modernised, gravé par Cruickshand,
en couleur. Rare.

WOLF (d'après)

525 — Les Pommes de terre, gravé par Wolff le frère. Très
belle épreuve, marge.

WOOLNOTH (T.)

526 — *Kemble* (Miss Fanny), d'après C. F. Tayler. Belle
épreuve.

527 — *Kent* (The Duchess of), d'après G. Dawe. In-fol. Belle
épreuve.

ZANNA (A Paris, chez)

528 — Adélaïde and Fonroë. Pièce in-8 en couleur. Belle
épreuve, marge.

LIVRES

529 — **Armengaud.** Les chefs-d'œuvre de l'art chrétien.
Paris, 1858. 1 vol. in-4, cartonné.

530 — **Histoire** de la vie et Passion de nostre Sauveur
Jesus-Christ, avec les figures et quelques reflections
sur les principaux mystères, tirée de l'Ecriture sainte.
A Paris, chez Nicolas Belley, 1693. 1 vol. in-fol. veau.

4

531 — **Roma** aeterna, Petrus Schenkii sive ipsius aedificiorum Romanorum integrorium collapsorumque conspectus duplex. 1 vol. in-4, cart.

532 — **Tableaux** historiques de la Révolution française. 1 volume. Introduction, texte et les cinquante-deux premières planches. 1 vol. in-fol. cart.

533 — **Wey**. Rome, description et souvenirs, par Francis Wey. Ouvrage contenant 358 gravures sur bois, dessinées par nos plus célèbres artistes, et un plan. Troisième édition, revue et corrigée, augmentée d'un voyage à Rome en 1874 et suivie d'un index général analytique. Paris, 1875. 1 vol. in-4, cart.

Imprimerie D. Dumoulin et Cie, à Paris.

6-50
2-50
14-
2 2
____
45- 00
6- 15
____
38- 25

4-50
2 25
____
6- 75

PARIS

IMPRIMERIE D. DUMOULIN ET Cie

5, RUE DES GRANDS-AUGUSTINS, 5

9 782014 463637